雨落黄河

河 石 ——— 著

长江出版传媒

长江文艺出版社

河　石

本名马建民，1969年生于山西保德，山西省作协会员。诗作发表于《诗刊》《星星》《诗选刊》《山西文学》《星火》《浙江诗人》等刊物，入选二十余种诗歌选本。获第二届上海市民诗歌节诗歌创作二等奖、第二届黄亚洲行吟诗歌大赛铜奖、首届汨罗江文学奖佳作奖及第二届山西新锐诗人等。

序

流水之心

韩玉光

心即诗。一个人的心上有什么，他的诗就会写出什么。

对于诗人河石，他的诗就像取自黄河的一瓢水，初看，水土相容，混沌初开；再看，水土相融，清澈澄净。试饮之，先是黄河的味道，后是保德黄河的味儿。他的诗，一言一句都来自一颗中年之心，说其有惑，是诗人对大河涛声的聆听与倾诉；说其断惑，是诗人在经历故土风物后在别处醒来的凝视与领悟。

我在二十岁的时候去过诗人河石居住的县城看黄河。城是小城，河是大河。一个人随着河流走上几里地，就会发现，自己的身体在岸上独行，而心却像河水中的浪花一样腾跃不息。有一瞬，我觉得自己面对的不是一条流淌了亿万年的大河，而是一个行者在人生的中途突然遇到了自己的人生导师。

据说慧可四十岁时始拜菩提达摩为师，当祖师说："拿心来，我为你安心。"慧可顿悟，他的一颗心在身体里，仿佛红日将出于嵩山。如果说，从神光到慧可，隔着一颗禅心。那么，从马建民到河石，同样隔着一颗诗心。

一个身为马建民的山西人，偶尔也去对面的陕西府谷县，但他转一圈就会沿着黄河大桥返回保德县，他知道他的根在此岸，不在彼岸。

一个名为河石的诗人，偶尔也会沉浸在人间五味中不能自拔，但他终究会回到一首诗中，像一颗星回到群星之间。他懂得，他的心在此处，不在别处。

他的诗，字里行间倾注着一个人的真诚。所谓修辞立其诚，按子思的话说，就是诚外无物。河石在一首诗里写下这样的诗句："一滴雨，落进黄河/心，才活了"。我相信，那一滴雨就是诗人河石。一个人不到黄河心不死，而一个诗人俯身黄河才看清自己的心。万物皆镜子，黄河是一面镜子，傍晚的雪是一面，河堤上的白杨树是一面，流浪的蜗牛是一面，生活的盐是一面，捞冰块的孩子是一面……在河石的诗中，记忆中的事物纷至沓来，仿佛一面又一面神奇的镜子，让其得以不断地认识自己。假如一个诗人一生写了一千首诗，那就意味着他看见了一千个自己。正所谓千江有水千江月，一个诗人穷尽一生，就是寻找那个一出生就已出走的自己。

英国人大卫·休谟认为人类心灵中的所有知觉都可以分为两类：印象和观念。而这印象对于诗人来说就是不可磨灭的生命记忆，这观念则是吹尽黄沙的情感经验。诗人河石正是用祖传的汉语书写着个体的记忆与经验。在对河石诗歌的集中阅读中，我发现他正在用自己的诚构建着自己的城。当我从城外步入城中，诗人写过的事物不断涌上前来，它们的眉宇间都流露着河石的谦卑、质朴与真诚。真是诗如其人啊！

> 这几年越来越胖，
> 我甚至快带不动这 160 多斤俗肉了……
> 想得到的东西太多
> 一个人

哪会像河流，该带走的带走

不该带走的

都留给了两岸。

——《涛声》

看到这首《涛声》，就像听到了河石的心声。一个人身体可以胖，内心必须瘦。当河石懂得放下时，一颗心渐渐虚空起来，他开始虚心向一条大河学习。甚至，他也学习一朵雪花：这是某年的冬天/在河边，素净的雪花，哗哗地/扑向黄河……（《几种事物》）；学习一匹马：像一匹白马/鬃毛明亮，旁若无人（《草原的清晨》）；学习一条毫不起眼的小路：我热衷于这条小路/它的宽度，仅能容得下一只脚掌（《小路》）……无论宏大的事物，还是细微的事物，在河石的眼中，都是有光的都是有情的都是不容忽略的。正因为这样的相遇，万物赐予河石以温暖与辽阔，安静与慈悲。静心去读河石的诗，既有河水的湍急与舒缓，也有石头的纹理与静默。也许，诗人将自己命名为"河石"，正是看到了流水与石头的命运，并欣然认领。

对于一个写作者而言，进入语言的内部与进入艺术的内部，同样困难。我不能说诗人河石已经触摸到了语言与艺术根部的东西，但他无疑正在无限接近着这一核心的区域。每个人的内心都有一座雪山，那是一条大河的源头；每个人的内心都有一个大海，那是一条河流的归宿。既然河石已然看到了雪山与大海，既然他已然把自己视为一条曲折前行的河流，那他也一定会生出属于自己的两岸。

我在诗集中读到他的一首短诗《画河》，在画河的过程中，诗人已经领悟到："纸是多余的/笔，也是多余的。"这不能不说是一个诗人业已发现一首诗的来历：心外无诗。一个人写的越多，越能发现来自词语的贫穷与遮蔽。

画 河

在白纸上画河。
画河就是画流水，画涛声
画掌管流水的河神
画浪、礁、荇草
画浅水滩游荡的野鹅
画夕光晚照，画春风无限
画野渡孤舟
画芦苇的倒影

在白纸上画河。
纸是多余的
笔，也是多余的。

一个诗人时常有两种冲动：写诗的冲动与不写诗的冲动。

无论哪一种，诗人河石一定反复遇到过。在与他交往的几年时间里，我不止一次听他说起过自己的写作困惑。有困惑，意味着一个诗人已经将诗视为自己生命与生活的一部分了，因为没有人会为身外之事心外之物无端地困惑。而读他的诗，恰好证明了我的判断：

当我望向河水，它

头也不回

不认我

这一滴水。

——《鱼与船》

雪落在什么地方

都是雪的命运。

——《雪里藏着风暴》

不知道，远方到底能给予我什么

在路上我已得到了别的东西……

——《远方》

　　这些朴素而闪光的诗句，肯定来自河石的心上。那河水、落雪、野花、远方……所能给予诗人的，恰是河石自己的心跳声。诗人在某个瞬间听到了自己的心跳，并将它们写了下来，就像生命的潮汐留下了自己爱过的痕迹。诗人布罗茨基说："如果说有什么东西可以取代爱情，也就只有记忆。"有时候，诗人就是守财奴，守着自己的一点记忆，唯恐丢失，于是连夜写成了文字。

　　这文字，是一盏灯。

　　照着尘世，照着万物，照着自己那一颗月亮般的心。诗人河石就说过："保德的月亮，是最亮的。"（《明月辞》）

　　我信。他早已将故乡当成了一首诗，他又将一首诗当成了故乡。有故乡的人，是有福的。有河石的诗为证：

住在黄河边的人是有福的

像儿子

守在母亲身边

　　——《住在黄河边的人是有福的》

　　最后，当我读到河石的另一首诗《离别与重逢》，读到
"河水流着/遇见石头阻拦，它们绕开/绝没有困惑。"我蓦然
理解了"河石"的寓意，那是一个人与无数个自己的相互寻
找、离别与重逢，是一个人的身体与心那终生不离不弃的友好
与古老的敌意。一个诗人，需要多少面镜子，才能一次次认识
自己，一个人，又需要多少次狭路相逢，才能让一颗心大于
宇宙。

离别与重逢

河水流着

遇见石头阻拦，它们绕开

绝没有困惑。

而离别是迟早的事情

重逢也是。

小小的浪花

多像我们，一次次

重蹈覆辙

没有疑虑，没有不安

这是水的天性

也是用竹篮打水的人

该学习的艺术。

 这是一个用竹篮打水的人，这是一个拥有流水之心的人。在这苍茫的尘世上，我们时常因为一首诗而热泪盈眶，这不是奇迹，这是一个诗人将自己身体里的浪花赠与了陌生的读者。

 诗人河石说："这一生/我还能不能听见/内心这一万吨涛声的回响?"（《涛声》）我，已经听到了。

 言有尽，而意无穷，我借用这些先人仓颉的文字，正是发自内心地向诗人致意。

 是为序。

                                        2023年春天于抱朴居

目　录

辑二 开花的事物

辑三　生活的盐

辑一

涛声

亲爱的时光

她挽着我手臂，在十月寒风里
杨树叶纷纷落在
我们的发上、肩上。那
是一个明亮的上午
我们去乡下。去居住过的
村落。此时
万物已熟透，田野裸露着身子
空旷世界，一无所见。
我们并不迷失。

她挽着我手臂，在十月寒风里
杨树叶飞旋
倾覆在土路上。我追随她的目光
看到她所看到的
我们不说话
心底生出深深的孤独。

没有一场月光不是一场盛宴

月亮在云后偷窥，
石缝间的野菊花暗藏金丝。
那年我九岁，两只水桶
泡着两个月亮。

农具靠着院墙，
铁片上除了残留的黑泥，也有
一个月亮。
炊烟自由地飞，像一只白蝴蝶。

一只幼雀趁着皎洁的月光，
在老槐树与屋檐之间练习飞翔。
在黑暗里，我紧攥一把碎银
任奢侈的时光
一点一点掉在花瓣上。

剥玉米

玉米堆旁，单薄的母亲
散发出秋天的光芒，她挥舞着一小截铁
打破一丁点缺口

我用一根小手指，从通道的侧面
使劲地抠，一粒粒金色的钮扣，钉在了秋的衫襟

我像一个孤独的王
细细点数着国库的宝石，从沟壑般的皱纹里
救出冬天的口粮与衰落的牙齿

我不停地将时光剥离母体
散落乡下。时至今日，唯我能辨识出
秋风里的碎金

涛 声

这条河一定想回头
却不能回头。
它并不在意
我的离去，夕阳留在水面
鲤鱼还潜在水底
它们并没有多看我一眼。
我一直把流水中的浪花比喻成时间
把一代又一代人的离去
比喻成流水。
我也喜欢登山
喘着粗气
把不太清晰的脚印留在途中。
这几年越来越胖，
我甚至快带不动这 160 多斤俗肉了……
想得到的东西太多
一个人
哪会像河流，该带走的带走
不该带走的
都留给了两岸。
这些留下来的沙子，浅水湾的芦苇
此刻正被秋风缓缓吹动

就像吹着我日渐增多的白发。

空有一颗流水的心啊

这一生

我还能不能听见

内心这一万吨涛声的回响？

今日之我

以前，去有波浪的河里游泳
心无旁骛，心无惧意。
那些水底潜藏的泥沼、暗流
漩涡、缠脚的水鬼
不在话下。
那些生锈的铁丝网
残碎的玻璃碴，形同虚设。
很多年了
我曾不屑与穷人拉个手
也曾巴结过权贵，觊觎过美妇
我贪恋过黄金和钻石，和兄弟争夺过房产
甚至想长期霸占几棵柏树和几声鸟鸣
今日之我，已不敢擅自闯入
风平浪静的河中
想那河神，会不会计较
我内心累积的这些淤泥与废塑料袋
会不会，顺势揪住我的头发
往深水里摁

雨落黄河

一群雨点

扑通、扑通……齐刷刷跳进河里

它们舍生忘死的样子

像我的祖父，祖父的祖父

从生活的风雨中

义无反顾地离去……

有人说，不到黄河心不死

一滴雨，落进黄河

心，才活了

无数的雨，从天空跳进黄河

而更多的，则落在果树上

落在石碑上

落在深不见底的人世上。

有的穿过炊烟，有的击中鹰的翅膀

所有的雨点

连成一串接一串的雨线

像一条又一条亮闪闪的小溪

汇入黄河

汇入了，这滚滚人海……

画 河

在白纸上画河。
画河就是画流水，画涛声
画掌管流水的河神
画浪、礁、荇草
画浅水滩游荡的野鹅
画夕光晚照，画春风无限
画野渡孤舟
画芦苇的倒影

在白纸上画河。
纸是多余的
笔，也是多余的

数涛声

我感到的幸福
来自窗外的涛声。
我站在窗前
远远地望着它。浪花翻卷
涛声一句接着一句
彼时与此刻
追逐、衔接、重叠或超越
没有了边界。
涛声，它不趋从于喧嚣和杂芜
与鸟鸣、花开、虫唧为友
与风声、雨声、雷霆声为伍
或细微，或浑厚
我因深爱这天籁之声
而爱上这生机勃勃的跋涉……

夜 渡

河风吹来，星辰跳入流水
船头撞碎时光
对岸的古装戏，在年轻的村庄上演
紧锣密鼓与人间烟火相互问候
鱼翔水底赶路
船桨弹奏出明亮的和弦
野鹅若隐若现
水声与灯火有青涩的秘密

波光源于月光，倒影出于灯火
我远远看见，河滩上
白杨树的影子重于夜色
河水如果倒流，戏未散场
芦苇在此岸与彼岸拔河
我曾与波澜共舞
美好的事物没有恐惧

河滩上劳作的人们

河滩上劳作的人们，一代一代不在了
他们在这条河里捞过柴火、鲤鱼和命运
浊浪或清流已无从谈起
一滴水从上游到下游，终归旧事
如果不是我，反复练习折返的技艺，追溯源头
如果不是我，用文字的石块，投出一丝涟漪
河滩上劳作的人们，终会淡出记忆
如一抹夕阳铺在水面上，辉煌而宁静，直至不见
炊烟爬上远处的高山
仍能听得见零星的喟叹

《离骚》里的每一株兰草，
都转世成汨罗江的朵朵浪花
—— 致 屈 原

让我在字里行间种下兰草吧

借你一把《离骚》的种子，自由又坚定的种子

像你的兰草一样，转世成汨罗江的朵朵浪花

它的身子单薄

但，它有铮铮的铁骨

不因无人欣赏而流失自己的芳香

它与一般的杂草混杂

但仍然被你一眼认出，草叶上

滚动着你理想的露珠，草茎是你灵魂的依靠

此刻，它生长在我的诗歌里

秋兰、泽兰、玉兰……它们的香气是轻的

但，它们的根和茎是重的

它们的灵魂是轻的，它们扎根的泥土是重的

此时，它们已转世成汨罗江的朵朵浪花

翻卷、激荡、忧愤，如苏轼的大江东去浪淘尽

但，它们绽放的瞬间是永恒的

龙舟竞渡，后浪继承着前浪的遗志

翻开《离骚》的一页，仿佛打开生命的一片天空

抚慰我们内心沉睡的白云飘远

这精神的高地，我们的德行得以小憩
站在汨罗江畔，我坚信死者必复活
像《离骚》里的每一株兰草想回到挚爱的国土
转世成了战栗的朵朵浪花

你写下的每一行诗都是官道梁上的一道闪电

——悼诗人雷霆

我们可以承受这个冬天的大寒

可以承受根深叶茂的乡愁

可以不要成熟

不要成就，不要成功

我们可以承受滹沱河的一去不返

可以承受源远流长的忧伤忽明忽暗

可以茫然如黄昏，孤独如星辰

不安如风暴

但，我们怎么能忍受

一匹忠诚的马

扬蹄绝尘于无边的旷野

怎么能忍受

一首首故乡的歌谣流落他乡

罢了！尘埃落定

岁月已断成三截

五十八年前……五十八年中

五十八年后……

罢了！罢了！

从此往后

你留下的每一个足印

都是官道梁上的一块伤疤
你写下的每一行诗
都是官道梁上的一道闪电

孟春帖

一个人，坐在书房
看书，抽烟，喝茶
忘了时间，忘了还有许多事
尚未了结，欠债未还，有恩未报
忘记了河里
仍有冰块在抵抗着消融
一个在春天追问流水的人
站在山中的黑岩上，走在阴郁的树林里
多少年过去了
故乡的打谷场上，那个放风筝的男孩
哪里去了，他手中放飞的蝴蝶风筝
哪里去了？又是一个孟春
我从中年的梦中醒来
我不是蝴蝶，也不是风筝
黄河正从家门口走向大海
燕子刚从南方回来，打开窗户
无限春光，我只需一丝一缕
万丈红尘，我只需探出一双眼睛
人之一生，永远有未了之事
永远有旧账难还，人间的恩情
犹如春风吹起的浪花，让我数一数

让我极尽余生之力

把自己放在浩荡的光线中

慢慢消融，慢慢淌过人世的脸庞……

离别与重逢

河水流着
遇见石头阻拦，它们绕开
绝没有困惑。
而离别是迟早的事情
重逢也是。
小小的浪花
多像我们，一次次
重蹈覆辙
没有疑虑，没有不安
这是水的天性
也是用竹篮打水的人
该学习的艺术。

父 亲

每次看见，都会臆想他还活在这世上
二十九年来
暗黑的相框，被母亲无数次擦亮
秋天的鲜果，无数次摆放
已不食人间烟火的父亲啊，他的目光
无数次刺破我的旧伤。
在春天，父亲栽下的桃树会开花
整个院落、山坳被春光染亮
父亲的身影在小院子进进出出
已成为记忆里寂然的一部分，没有声响
有时候，我在茫茫人海中
会把一个人错认为父亲
眉毛、脸廓、身形，而或眼神
让人怀疑：他躲藏在一个不为我所知的村庄里
独自翻晒着玉米，两只黑色的铁桶和一根柳木扁担
就置放在他的身后……
那里，是尘世，还有更多的星星在流逝
在带来隐秘的悲伤

祈　福

点亮蜡烛的瞬间

母亲唱起《世界是你们的》

我笑着

空气中似乎有奶油的甜味。

我和她坐在冬日的烛光里

仿佛世上

再没有了值得我悲伤的事情。

我紧挨着母亲

就像一片叶子紧贴着另一片叶子

在山西保德的一棵老杨树上

我不用说出，她的眼神

是一位母亲的

看着自己中年的儿子。

是一个女人的

看着眼前这个中年的男人。

我能听见她

低低地述说

——多像在旷野上

一株荞麦

也有无边的祈福。

汲水的母亲

汩汩的流水声，时断时续
韭菜、番茄、豆角……
在月光中
悄悄练习瑜伽术。
母亲咬紧牙
用木桶汲水，很多年过去了
我一直学习这门手艺，像一只木桶
被生活提在手中。
而母亲的身影
像菜畦里的一棵菠菜
在月光下，永远那么安静。

小　路

我热衷于这条小路
它的宽度，仅能容得下一只脚掌。
没有谁
能轻易找到它的终点。
三十年后，我仍然热爱它的偏僻
和固执，热爱它和野草的抗争
热爱它的坚贞、沉默和孤独。
我也会，爱它所爱：
爱漫山的无名小花
爱酸甜的红色果实。
当然，更爱母亲的汗水
汗水里的星辰
和清晨升起的太阳

梅花鹿

我看见了梅花，在公园的一角
在清晨绽放。
那一刻，我真的想学会梅花的语言
和她们谈一谈
彼此的生活，有什么不同

我的手臂像梅树的枝干
纵横，黑瘦。
但我知道，我用一生
也活不成一枝梅花，她们的美德
我无法拥有

深红色的花瓣，一片、两片……
五片。像我的眼耳鼻舌身
用一片片心意、一瓣瓣心香
赞美这暗香的尘世

做不了梅花，就让我
做一只小鹿吧。
身上开满那转世的梅花
在幸福的春风里
活着、爱着，不谙世事……

地图赋

路，并无过失
却不断被修改删除
新修筑的路，有了新的名字
废弃的路，把地盘归还给荒草
车站、码头、桥梁、商贸大楼和公园……
在纸上来回走动
每一个人，要去从没去过的地方
生活让人慌不择路
死亡让人望而却步
这地图，多像一座沉默的迷宫

油菜花

过些日子，这些花就会凋谢
我开始莫名地忧伤
但看见一只鸟儿驮着花香
去了远处
我似乎又豁然开朗

呵，这辽阔的花海
最适宜白驹过隙
最适宜，让我看见油菜花
那源源不断的光芒
并，投身其中……

爱是一服尘世的草药

如果你爱上一个人
爱上她弱不禁风的身躯，她的泪花
她狡黠的坏笑和无知的青春
请原谅她的清高、傲慢、自私和狭隘
甚至她的无情和背叛。

如果有一天，她玩火自焚
深陷情感的泥沼，身负孤独的疾病
请别责怪她，错把落日当成朝阳
请你做一个采药的人

为她腰缚绳索，脚踩白云
攀上临风的悬崖
在光滑的石壁缝隙，采摘千年的
白花蛇舌草、紫花地丁、半枝莲……
佐以月光、花香和鸟鸣
用心经的配方，把荒诞之爱
熬成一服尘世的草药。

读诗的夜晚

我斜靠在淡黄色的床头木上
读希腊诗人卡瓦菲斯的《祈祷》。
夜已深了，阳台上的连翘花
是上午从山坡上移栽来的。
此刻，它被绣有花鸟的窗帘隔离
被孤立的是它们的肉身。许有月光
穿透玻璃和空气，为它洗礼
治愈内心的创伤。当然
这也是沉寂的夜里我唯一的想象。
当睡意袭来，我微闭双眼
在梦到来之前，我像一个守夜的更夫
手提灯笼，呼应星星的光芒。

信 赖

一只灰鸽子，落在我的肩上
没有一丝犹豫，没有
半点畏惧。
我变成了一株树
一株值得信赖的椴树。
这是一件让人感到幸福的事情
它降临在圣马可教堂前的广场上。
就在前天，下午四点钟
风轻轻吹动我的叶子
金色的阳光
铺满广场的方形砖块。

在壶口

我爱这水的惊险和陡峭
水的断裂，如一场暴动

一滴水有赴死的坦然
一朵浪花有失落的自由

三年了，在壶口
黄河这只大鸟，教给我
身处绝境时，往低处
也要用飞的形式

这个画家是谁？

——读国画《太行山深处》

这里是树的海洋，细听
林涛里有细微的鸟鸣
阔叶林、混交林到针叶林
山脚到山顶，层林尽染
秋阳照耀着奔跑山风
和伤感的野菊

画家才不管山里埋着什么呢

这里是煤的故乡，父亲
就是在这座山中挖煤
浅层的、中层的、深层的
在他眼中，山只有黑色
他把光明一次次升运回地面
而把自己遗忘在黑暗之中

这个画家是谁？

整座的山被他移到了纸上
让生命之轻承载生活的重量

鸟鸣回到山林，野花回到草根

当窗外的风吹进来，掀开宣纸的西北角

我用一把尺子，轻轻地

压住画的一角

一场雪的记忆

黎明前在堤坝上跑步
风缠着雪，天色渐渐亮了。
河水流向我们的身后
离大海还会有多远？
天地何其辽阔，可你的左肩
偶尔会碰撞一下我的右肩。
我们大声说着的话，呼出的白气
瞬间凝结在睫毛和额前的黑发梢上。
这是三十年前的初春，这一年
我二十一岁，你大我一岁。
今晚，我在灯下写诗，你又在哪里？
你举起的美酒，在和谁碰杯？

纷飞的雪展开白色的翅膀
踩雪的吱吱声像一起哼唱过的老歌。
落在河里和堤坝上的雪，也早已消失
而那时我看见的那雪
还在你的发梢上。

秋风吹落梨树的叶子

——给安子

这是保德的一小片梨树林，天凉了
一些梨树叶已开始落下。
而今，黄金的果实已被人摘走
摘不走的，是枝叶缝隙间圆形的光斑。
想起你，在深秋
在苏子坡。我们远隔三百一十公里
我却分明看见，你和我
仍站在梨花盛开的原平。
你靠着树的左侧，我靠着树的右侧
像一杯美酒碰着另一杯美酒。

秋深了，黄河水冷静了下来
而我每次想起你，心底仍有春风刮起
梨花如酒杯，花香如酒香
想必明年的春天
我们又将重逢：在一首永远写不完的诗里
我们像一个汉字紧挨着另一个汉字
没有前后，没有左右
远远看去，只是一个字……

圈 套

早听说，村里的二小子
擅长在山里给小兽们下套。
爬山时遇见，心头一惊
为自己险些中招
出了一身冷汗。

乌黑的铁丝，精心设计
诡异隐藏在灌木林间
构造简单，却暗含杀机
小兽们闻风丧胆。二小子自己
也为他的手段，心惊肉跳

据说他已连连得手，获猎颇丰
因为他，熟谙小兽们的生存之道
谁知晓啊，这样的圈套
会在生活的哪一个路口，等你。

一个南瓜

不像苹果或梨

在高处长大。它匍匐在地上

或沟渠，或土梁

身体笨重，潜伏在寂寂草丛

向阳的部位，呈现明亮的光斑

向阴的部位，暗含维艰的疤痕

我小心地撕扯

残忍扭断它的脖子

生活有不可言说之痛

说起宽容与报答

谁又不是忍痛离开故乡的

一个南瓜

稗　草

我是一株滥竽充数的稗草

从春到夏，从夏到秋

在一片谷子地里，隐姓埋名地活

提心吊胆地绿、懵懵懂懂地黄

没有谁知道我的无奈、茫然和惶恐

秋风的赞叹让我羞愧

想一想泥土和春花，想一想汗水

只有去燃烧

才能拯救

我干枯的灵魂

住在黄河边的人是有福的

住在黄河边的人是有福的
像儿子
守在母亲身边。

我喝着黄河的水长大。
它有雨水、汗水、泪水的味道
有时甚或是土、血或火的。
每一次饮下
我的肚子里总会传出
一种声音
如鼓、如雷、如涛……

一个春天的午后

我总是忙忙碌碌
不能像流水一样，一生
只做一件事
不能像那些鱼一样
一生，只活在流水中
也不如，那些燕子、蜜蜂
不如一只优雅的蝴蝶。
我要慢下来，我去不了的地方
流水会替我去看看。
我要坚持活在低处
我要把高处留给有翅膀的灵魂。
我要在这个春天的午后
放下手头的事情
独自坐到天黑。
我会等月亮缓缓升起
星星推窗进来
因为我知道，唯有黑暗
才能召唤光明。

我

我由七笔构成：
恐惧、爱、黑夜、渔火、梦、岛和寓言
每一笔画
像一条支流，汇聚成我
每一笔，如小路交叉，让我左右为难
每一笔，消解我，也加持我
我是笔画空白处的
囚徒，一生找寻着出口……

原　本

原本想做一条河流
可以无惊涛骇浪
无鱼虾荇草，可以离经叛道
即使被蚯蚓般的支流背弃
甚至可以忘记岸、岸上的树
忘记苹果般的恋人
抛下土豆一样的亲人
我都不惧，不惑，不憎

做不了河流，做一滴水吧
做泪水，擦去天空的蒙尘
做汗水，洒进种星星的土里
做一滴穿石的水
做一滴报恩的水
做一滴晶莹的露水
哪怕朝生夕死
做一滴燃烧的血液
哪怕魑魅魍魉

做不了河流
我愿是一滴无闻、无为、无成的水

明月辞

保德的月亮，是最亮的。
今夜，我和明月互致问候
我用暂存的名声、钱财和白发向它致歉
它用清风、流水和光芒答谢

月光短暂
它也有瞬间的圆满。
多少人贪恋尘世的繁华
竟无暇顾及人间的缺憾……

捉迷藏

捉迷藏的游戏贯穿我们的一生。
小时候，石头、剪刀、布
决定游戏的顺序。
大树后、柴火堆、猪圈、屋瓦上……
找得到的地方，找不到的地方
都可以藏身

可以藏身于想象之外
可杀回马枪
可"此地无银三百两"
可"四渡赤水"
可狡兔三窟、声东击西
可游击战、地道战
没有谁找得到你，你可自动现身
像白天的星星
发出声来：我在这儿呢……

长大后，我们仍藏着
找着……
找对手，找自己
有时面对面看不到
有时自己也找不见自己……

几种事物

这是某年的冬天
在河边，素净的雪花，哗哗地
扑向黄河……
像一群诗人、画家
更像一群冲锋陷阵的战士。
多年以后的我
像一片幸存的雪花
见证了
春天的绿芽……

一片小水洼

一片小水洼，装得下：
飞鸟的影子
风的呐喊和云朵的无常

装得下：少年的热爱
世事的陡峭……

人世间的水洼
可以绕行，也可以一跃而过
而积在心底的水洼
会让你变成可怜的物种……

月亮下散步

我喜欢，在月亮下散步

没有人能轻易辨认出我。倦鸟

归巢。

寂静无边无际——

我像一条流浪的白狗，嗅出

故乡的气味

还是那年的月亮

星星依然遥不可及。这些年

生活教会了我生存的魔法

却不能让我认识自己

此刻，我听见了

蛙鸣，虫唧，青草的呼吸

听见了

花开、花落，月亮的羽毛落地

可是我不能听到

小河的水流向了哪里

我不知道，那几棵簌簌作响的小白杨哪儿去了

灰白叶子上的小瓢虫哪儿去了

月光：如水，如镜子，如一匹白马

谁能知道，一个人

活在别处的意义——

春天的种子

我的手里
正捏着一粒种子
我知道，是时候了，河水解冻
春回大地。我要把这一粒新的种子
埋进己亥年的土地。
我知道，我并不能懂得
一粒种子的意义
它微小、金黄，带着我的体温
躺在我中年的掌纹里
在情感线和智慧线之外，温顺地
重叠在命运线上。
它是否会成为一粒永不熄灭的火星
在内心深处的荒原上
燃起夜晚的篝火？是否
像一段不容虚度的时光，被我意外拥有
它是那么渺小，却是那么具体
充满梦的力量。在春天里
我一边掩埋冬日的荒凉，一边望着
一轮绚烂的太阳
仿佛一粒种子
种到了空空的天空。

足够小

不要小瞧这些小雨滴

小情调，小冰凉，小无畏，小志向

它们落在山林、河谷、池塘、贫民区、金融街

也落在医院、坟场、垃圾堆、肇事现场、火葬场

小雨滴，打湿天空，也打湿背叛

打湿寺院的花叶

也打湿穷人的翅膀

不要小瞧这些小雨滴

它们足够小

小到无声，小到杜甫的春夜

它们小得彻底

总能找到入世的出口

错 觉

岸上站久了，有一种
令人生疑的错觉：
流水突然停顿
我的肉体正逆向而行

我贪恋这虚幻的一刻
多少往事，站在了原地
像一棵年轻的果树
落叶回到枝头，果实回到花朵

而那未曾发生的
永远不会发生

一滴水的命运

一滴寒水，置于掌心

未及温热

就被风干

一滴水的命运

或退隐雪山

或献身无边际的大海

一个凿冰的孩子

我在冰上写诗
风是读者。
一个凿冰的孩子
不是为了捕获鱼虾，只为
听见流水的声音。

雪落在巷子里

一粒粒匿名的雪
落进这条窄窄的巷子里。
它那么小
生怕人间忽略了自己。

它反复扑打低矮的土墙
像蛾虫飞向灯芯。
而我
就是那个凿壁偷光的人。

雪里藏着风暴

雪落在什么地方
都是雪的命运。
悬崖边上，我听见
风搅雪的声音
像燃烧的淡蓝火焰
从骨缝里扑出

雪野上，一只灰白的野兔
怀揣一颗奔跑的心。
它并不知道，眼前这个
弃杖而行的人
偶尔会写一首无用的诗
偶尔会与它在生活中赛跑。

冬日小语

冬日，我没地方可去了
公园里的丁香与垂柳，叶子已落尽
木头椅子上覆了一层薄霜
我想起了母亲的白发

想起山峰
用升起的炊烟取暖
一只麻雀，用寒风清理翅膀
一声鸣叫，让心有了去处

山中遇猴

这些猴子，在树与树之间
采集野果和阳光
在林中空地上，与云影嬉戏
这些猴子，无忧无虑
有时跑到天上，幻化成一朵云彩
有时跑到乡下的窗户纸上
变成新年的祝福

这些猴子，在水边
快乐地捞月亮。它们
相亲相爱，繁衍生息
这些猴子，在高低不一的树梢间
跳跃腾挪，弃了人间的烟火和名利
过着安详的日子
让我想起枉费的时光里
那困顿、忧伤和不安
是多么的不值得……

小麻雀

我的秋天到了
千草结籽，百树结果
一只麻雀，传授给我一些心得：
"怜悯半截菜虫
哀悼一片黄叶。"
教化我：静坐寒巢
看人间雨雪，慢慢零落，遁入土中

它的小脑袋、小躯干
不招摇，不暗喻
如一块小岩石，小而无志
如一个小逗点，渺而有韵

辑二 开花的事物

祖　国

我热爱高大的山冈

像鸟儿、花朵、云彩、茂盛的林木和小溪流

歌唱春天的翅膀

用新鲜的语言和迷人的方式

我热爱刮着大风的天空

像太阳、月亮、星辰和灯盏

驱散幽深的黑暗

用忠诚的血脉淹没劫难，用不变的光辉孕育果实

我热爱充满未知的江河

像鱼、虾、蟹、蚌、芦苇和荇草

热爱滋养它们的源头

用生生不息的力量延续万物的命脉

我热爱贫瘠或富饶的土地

像稻菽、花园、牧场、村庄和小镇

感谢沾满汗水的飞歌

唱出希望、成长和爱的光明

我热爱祖国的历史和命运

像卫青、文天祥和岳飞

火焰般无所畏惧捍卫国家的安宁

像屈原、孔子和李白，守护精神的疆土

我热爱祖国的未来

像一个跋涉者、探险家和开拓者

用魔法托举起梦想

用血肉之躯追寻遥远的地平线

我热爱我的祖国

用一支笔，记录她砥砺前行的脚印和闪光的奇迹

心怀感恩，像一滴水

把自己默默地交付给蔚蓝的大海

我们活在故乡手掌里

雨水稀缺的北方
耐旱的谷子，养活了鸟和我们兄妹
一群麻雀，用方言朗诵着
赞美稻草人的诗歌

谷穗点头，母亲弯腰
万物在秋风里相互致敬
打谷场上，清风辨认出稗草与浮叶
谷粒不再隐姓埋名
我们活在故乡手掌里

稻草人

鸟们扑下来

你无动于衷

虽然，粒粒饱满的粮食在望你呢

滴滴汗水声呼唤你的灵魂呢

你还是睁一只眼闭一只眼

让打着饱嗝的鸟从容飞去

这样的日子对于你

平淡又无味

你想深深陷入

生你育你的这片土地

水井房

沿着石梯，进入幽深的
水井房，潮湿的四壁长满暗绿的苔藓
黑暗是暂时的，阳光一点点泻下来
缓缓照亮水泵上的柱形木楔。
水井房四周，紫色的茄子
像涨满奶汁的乳房
绿色的番茄，荡漾出羞赧的红晕
荡秋千的长豆角和黄瓜
褪去花骨朵，慢慢长大。
万物变化，唯爱永恒……
我的母亲，手攥铁锹
在水渠上走来走去。
这来自地下的清澈的水
顺顺当当涌入菜畦。
四十多年过去了，菜园里散发的
勃勃生机和水的养育之恩
一直留在我日渐衰老的躯体里。
一截平静的时光，是甜的
是香的。阳光静美
如今，我站立在这片废墟上
母亲那年轻的样子，我一遍遍见到
水井房像一台时光刻录机
储存了水泵的轰鸣和流水的声响……

野　鸭

不远处，三五只灰褐色的斑点在移动
河水毫无顾忌
我不敢靠近，怕惊扰到
这自然的主人

一些小东西，总在不起眼的地方
现身。譬如喑哑的星星
敛起翅膀，点亮夜空

恬静的河面上，月光很慢
我移开视线，脚步放轻放慢
让它们在此安身立命吧
活出自由的法喜

居　所

天空不是白云的家，它只是白云
流浪的居所，有谁看见
白云在哪一座宫殿或草屋停驻一晚
甚或一分、一秒……

诗不是诗人的家，在汉字的别墅或洞穴
诗人，是刚刚按响门铃的过客
或窥视洞口一眼的猎人

当然，胸膛不是思想的栖息地
头颅也不是，只有爱
才能容得下，这一颗柔弱、悲悯、向善
沧桑、叛逆与裂变的心

石　子

满河的石子
大大小小
没有规则
缝缀在黄河的衣襟上
没有谋略，没有光芒

这些跌落凡间的星星
不喊痛，不申冤
我起身离开
有一颗
喊出了我的名字

河 流

一条曲折的河流
需要水的淘洗。
在我年轻时，浪花就是浪花
礁石就是礁石
河流就是一幅流动的水墨。
多少年来，河水浑浊或清澈，多或少
像眼眶里的悲伤或喜悦
多少年来，河道左移右挪
仿佛我的脚印
九曲十八弯的水啊，也有
峰回路转的惊喜
滚滚洪流似没有尽头的五线谱
那涛声，多像一个个散落的音符

河流赐给我的

没有这条河，小时候的记忆
是枯燥的、荒芜的
没有这条河，"涛声"
将躺在辞典的角落
心潮不会澎湃
激流中不会勇进
不会懂得：涌泉是因为滴水
泥沙俱下只为大浪淘沙

旧居的荒草

太阳从东边升上天空
照亮旧居的荒草
黄河的涛声，从西边传来
仿佛一辆运送时光的红色拖拉机
颠簸在黄泥路上
每过一个坑洼，就有
一朵浪花盛开。
此刻，除了荒草
我已想不起
还有什么，是父亲
遗留给我的

潮起潮落

下雨天，河水上涨
瓜果柴火从上游漂来
河水泛起微光
小猪、小鼠的尸体在水面沉浮
浪潮一次次袭来，不停地
扑打着坝堤
我紧跟在父亲身后
在浅水滩打鱼。
真实的场景永远不会重现
但每逢雨天，我的脑海里
就会有潮起
有潮落

鱼与船

我做不了鱼
靠水中的氧气活着
也做不了船
靠风和浪活着

当我望向河水，它
头也不回
不认我
这一滴水

摘红枣

我踮起脚摘红枣
擦拭掉表皮的尘土与露水
吃掉它。在我身体里
那吸纳了光华与养分的红色
那湿漉漉的苦难
那赐予的甜味
在我体内生长了一辈子……

荒　草

在林间，在河边
众多的荒草挤在一起没有戒心的荒草
把我当兄弟
当成它们的同类它们教我
逢雨喊一嗓子
遇风则起舞。令我欣慰的

不是没有偏见
而是它们会替死去的我活着……

秋后的田野

秋后的田野
像母亲巨大而干瘪的乳房
这低垂的布袋，曾装满
果实的汁液与星光

麻雀、菜园和我们
都是她的孩子
那头老牛，眼神敦厚依赖
那只喜鹊，"秋风里筑巢，墙要厚一些"

我望着田野上的虚空
除了风，一切缓慢而无声

春风绕过花台

祖父粗劣的手艺，烂砖破瓦
一把干净的黄泥
筑起家族的圣坛，春天种芍药
夏天种牡丹。节日
焚香跪拜，为心中的善念

祖父种地打渔，顺应天意
秋收五谷，冬闲钉鞋扎笤帚
微雪温酒小酌，大雪时
目光穿透迷云浓雾，只待
春风绕过花台

河堤上的白杨树

绿总有尽头。人也一样
故乡也是异乡
这不足以让人悲伤
一株白杨树
一个有梦的男人
不畏霜雪，不怕孤寥
温厚而辉煌
哦，北方的白杨
这普通而伟大的物种
它不要内心的版图
它只要这一片黄土

韭 菜

母亲种的韭菜，在院子南边
冬天，盖一层破棉被
春天，它便会早早醒来
和牛一样舒腰

三月刚到，叶子鲜绿
母亲迟迟不肯割刈
若不是儿孙从城里回来
韭菜会长一辈子

乡下有一种草
酷似韭菜的弟兄
母亲不忍拔起扔弃
移植于院子北边

夏秋时，茄子柿子豆角上市
韭菜得以歇息
母亲暗喜，守着韭菜
像呵护神的花园。

除了感恩，我甚至忘记了人间

颗粒回家，只留下秸秆
和空荡荡的袖子
遗落的穗子，举目无亲
当我离群索居，旷野
是孤独者的故乡

几只鸟，来回跳跃
像不安分的音符
捡拾时光的人，泪水退回云朵
安静的荒草，在寒风里修身

朝着风来的方向，我一个人
极目远眺。寒冬袭来
除了感恩，我甚至忘记了人间

刨花生

花落为根，果实在黑暗中涅槃
炊烟稀寥，飘过记忆的天空
壮年的二叔，奔小城了
那里有愧对风雨的草木与彩虹

我小时候和母亲
汗水滚烫透亮，一起刨花生
串串颗粒，在土里捉迷藏
我们内心干净，探索秋天的甘甜

我长大了，母亲变老
田野的树被修剪成盆景了
高楼的窗口闪过陌生的眼眸
院墙上插满尖铁的栅栏

野菊花，不再歌唱
雨水改道，阳光分解
一辆牛车慢腾腾挪进历史的画卷
伸出手，找不到该攥紧的地方

山河不说话

几粒花生，是走失已久的兄弟

一纸寻人启事，贴上苍穹

淡黄色的小花，我们已叫不出它的名字

忆秋雨

秋雨又来，我想起一片
快要成熟的玉米
山寺的钟声
顺着条状的叶茎
滴落在厚重的土地

雨水苍茫，万物不息
微黄的叶刃划破岁月的手指
鲜红的血液和金色的光芒
遗落在茁壮的田野上

衰老的牙齿，在牛羊嘴里
我站在雨水之中
慢慢遗忘，慢慢想起

圪蹴①

作为动词，是关节神秘清脆的一声叹息
作为名词，是老农短暂的一次休整
这蓄势待发的姿势
是乡间地头天然的雕塑
是小人物与命运抗争的沉默

圪蹴的农人，肌肉紧绷
没有谁能进入他们坚韧的内心
包括他们自己
这圪蹴，让更多的城市人效仿
因为这排解疲累的方法
会让所有的心灵
化为朴素的云朵

---

① 圪蹴（gē jiu），方言，蹲着的意思。是中国西北农村农民劳作时
休息的一种姿势。

给我一场大雪，我就去牧羊

草叶枯黄，沙棘、马齿苋
车前子都不认得自己了
冬天将它们一鞭子，吆喝到
死亡的边缘
一条褐色斑纹的蛇，蜕皮成佛

给我一场大雪，我就去牧羊
一群白色的孤独，嵌在故乡的胸前
漫天的雪花，随风而起
如山冈上的蒲公英
找寻失散多年的老父亲

小　狗

大门外，我停下
里面的小狗
吠声里充满警觉
我用柔和的声音唤它

迈进院子
小狗已摇起尾巴
每向前一步
小狗便叫一声
轻扑一下
再后退两步

我蹲下身子
小狗趴得更低
我摊开两手
它便把柔软的爪
干净的爱
递过来

喜鹊兄弟

噢，喜鹊，你把球形的巢
筑在咱爸咱妈的院墙外
高高的柳树枝头上。
那巢，是一幅写意画
草叶、棉絮、羽毛
结实、温暖、柔软

亲爱的喜鹊兄弟，你那燕尾服
是多么地得体
我看见城里的绅士，就想
端起酒，和他干一杯

乡　愁

乡愁在沉默里生长，
故乡是夜里的郁金香。
当月光漫上窗台，
银子般的香气自由而昂贵。
我站着或躺着，都能望得到
那些遥远的小金星。
它们的目光，有时停留在屋后的菜畦
有时栖身我的梦里。

流浪的蜗牛

白色的杏花悄悄地开了
我和母亲在田间翻土。
不远处的小树林里，布谷鸟偶尔
啼鸣一两声。之后是长时间的寂静
我手攥铁锹，傍晚的阳光洒在翻出的新泥上
这时，我低头看见
一只蜗牛背着它白色的房子
多像我们
流浪多年的灵魂

屎壳郎的幸福

一只屎壳郎，推着粪球
推着金黄的光阴，塞满了梦想
春天的路上，它旁若无人

与西西弗斯不同，一生并非徒劳
它向死借生，向命借光，向人间借道
我侧转身子
怕惊扰到它的幸福

蚯蚓复活术

这是春日的下午
一只潮湿泥土里工作的蚯蚓
被我用铁锹拦腰斩断。
没有伤痛的惨叫，也没有
鲜血涌出。四周一片死寂
误伤的愧疚，让我心头一颤
听说它能复活再生
我才平静下来，如果这是真的……

蚂蚁国

一只蚂蚁，在乱石和树枝之间迟疑
两只蚂蚁，在窃窃私语各自的前程

两只蚂蚁，躲在榆树叶下谈情说爱
一只蚂蚁，安慰着痛失爱侣的同伴

更多的蚂蚁，搬运着
那些白虫子、黄虫子和黑虫子的干尸

在蚂蚁国，歌声是黑色的
静默的，但我听见了这声音

土豆，土豆

冲破黑暗的笼子
一袋七十斤的土豆，跃上我瘦小的脊背

炊烟抵达树冠，与一路追着我的秋风
并肩站在了母亲的汗水里

空旷的土地
像刚刚掏空身子的产妇
阳光伏在黄泥墙头，等一枝牵牛花
爬上来

泥土在上

绿豆荚咧开嘴，傻傻地笑
红高粱挺起胸脯，饱满性感

母亲垂垂老去
乳房干瘪，肋骨凸显

泥土在上
请受万物一拜

开花的事物

春天来了。山坳里的桃树
也在想着开花的事。
乡下的空气鲜嫩、甜蜜
透明湿润又安宁
田野上，母亲虚弱的身子
在春风里走动
白蝴蝶的翅膀黏着祥和的晨光
搬运蜜汁的蜜蜂
仿佛富甲一方的隐士
而溪水照亮静谧的天空
归来的燕子
捎回了远方的来信
那是山坳里的桃花……

里贤垵村的冬天

沟壑如多皱的脸颊

残雪如放牧的羊群

树上的鸟巢，摇摇欲坠

炊烟在暮色里舞蹈

在里贤垵村，冬日漫长

农具忘了自己的姓名

墙角的秸秆，藏起了童年的游戏

嘴巴空洞的老人，说不出春天的线索

土路上，我像一个异乡人

一边走，一边打探

傍晚的雪

傍晚，雪倔强地下着
母亲坐在火炉旁
用黑色的铁箸拨旺火苗

窗外，一群白色的鸟
测量着风速和风向
在夜里流亡。
蓬松的羽毛闪着神秘的光
消解黑暗，救赎自己

夜是如此辽阔
风是如此孤独
我的歧途，在一朵雪花和
另一朵雪花的缝隙

扫雪的人，包括落叶
荒草、脚印和羊群
是我至爱的亲人。
寒风里的骨头、道路和词语
慢慢醒来……

初冬，我回到故乡

树叶从枝头飘落

故乡在白雾里若隐若现

年迈的白杨，失修的石拱桥

努力地辨认我

小路还在童年的山坡上

歪歪扭扭地写着

放学后的歌声

早已消失在山谷中

晨雾散去

山坳里的屋舍、牛铃声和鸡鸣

还有我的那些乡亲们

从梦里跑出来……

萤火虫

我常想起萤火虫
像母亲惦记一盏煤油灯

傍晚，暮色从山中钻出
我在野外追赶萤火虫
母亲在屋内燃起那盏煤油灯
喊我回家

蚕豆般的火苗，噼噼啪啪
炸裂开来
墙围上的岳母正在刺字
历书在昏暗的光线里低语

她喜欢把油灯挪近窗户
余光穿透发黄的窗纸
一些，照亮屋外靠墙的犁耙
另一些，和野外的萤火虫相认

辑三　生活的盐

雪后的下午

我踩着河岸上厚厚的积雪
一个人散步。
我对雪的记忆仍陷爱情里
一对年轻的情侣从我身旁快速走过。
岸上长满了枯黄的芦苇
我看到了时间的形象。
这个下午，我走在从未走过的路上
遇到了失散多年的我
就像秋果找到了绽放的春花。

林中饮酒记

在秋日的林中空地
饮酒。光影在杯中晃动

树上的黄梨如星辰
与你的盛情交相辉映

蜜蜂沉迷春天
我们沉迷这样的时光

黄梨的气味弥散
左边，右边……前边，后边……

每一颗熟果，都有芬芳之美
每一杯酒，都有茂盛的情义

那摸得着的果实和够不着的星辰
都值得我们干一杯

月夜，看完露天电影回家

一部露天电影，名字忘了
在张家圪坨村学校的操场上。

弦月如同牛角，路旁的草默不作声
野花的香气、牛粪的味道和银色的月光混合。

我们大声谈论
一部影片的结局。

已经好多年了
英雄的死去仍被我想起。

月亮缓缓移动
我们顾不得脚下的坑坑洼洼

朝远处亮灯的家中
快步走去……

黎明时分

冬日的黎明时分
我们坐在砖瓦房的长条木凳上。

小小烛光照亮课本上的汉字和插画
照亮我们的前额和内心。

火炉里的火，从圆形铸铁盖与灶膛缝隙间
冒出来。热气升腾

驱散了寒气。
这已很久了。稚嫩的读书声

再也听不见了……
不远处，河水的涛声依旧

那一朵朵浪花
仍在平静地盛开。

古渡口

在古渡口，几只旧木船
搁浅在沙滩上。
多少纤夫，像祖父一样
向浑浊、奔腾、浮沉的河水
讨生活。他的命运
如穿云破浪的号子般苍凉
像不知疲倦的浪花在奔波
前仆后继……
如今，渡口破败
暗红色的伤口也已结痂。

那条旧木船，像一位故人

那天在博物馆，一条旧木船
躺在空地上酣睡。
我站在阵阵吹来的夏风中
与它合影。桅杆神秘的想法
直指空空的天空。
日子离去，如淡蓝色的炊烟

想起黄河水永不止息
拉船的祖父
在苦难的涛声里喊着号子
船上装满黑色的炭块
运往冬天的村庄
像弓腰走在长长的河岸线上
有时踩着岩石，有时踩着沙粒

那条旧木船，像一位故人
在博物馆的空地上，那碑一般的桅杆
被野草包围……

捞冰块

我去河边打捞冰块
初春的傍晚，河水流着
像时光的肉身。
冰块与冰块的碰撞
让我暗暗吃惊
那些冰块，伤痕累累
却折射出光

日落长河
冰块去了哪里？

己亥年初冬，与朋友谈故乡

我从未去过重庆，而你
生活在那里。你说
重庆有两条江：嘉陵江和长江
白天，你买菜、逛街、工作
晚上，去江边
看渔火倒映在江水中
听潮起潮落
你会想起黄河边上的小城
你会把长江的浪花错认成故乡的浪花
你其实明白，唯有天空升起的月亮
才是故乡的那一枚

我知道，长江之水的长
长不过你思念亲人的目光
你说，你会把重庆的长江望成保德的黄河
让时光之水，滋养思念亲人的一首诗
而我，在你生日的这一天
蘸着黄河水的波涛
写一首汹涌的诗，祝福你
祝你在重庆安心、快乐

傍　晚

太阳滑向西面起皱的群山
余晖照亮里贤垓的土路。
涛声一次次跃过白杨树林
羊粪被运往田野。一辆红色拖拉机
上下颠簸，醉汉般行进
每过一个坑洼，不远处的浪花
就盛开一次，凋零一次。
这是我与父亲，最后一次
共同创造的场景。那时
生命的无常，我和他一点也不知情
昏黄的光线渲染着田野
让我再一次记起消失的事物
那是一个多美好的傍晚
它再也没有重来过。

生活的盐

母亲在院子里腌菜
麻雀在屋顶啄食晾晒的玉米
霜降后的白菜被一劈两半
绿色的闪电划亮了贫寒的日子

一层白菜，一层盐粒，一层阳光
一颗白菜里有母亲的影子
天底下受苦的人多了
天底下疼痛的事多了

每一次在餐桌上
夹起我爱吃的酸菜，泪水
就会止不住滴落碗中
像尘世的盐找到了辽阔的大海

劳动节，和母亲种豆角

劳动节的清晨
在乡下帮母亲种豆角。
我划开的地垄沟，歪歪斜斜
深深浅浅
像这些年来走过的路。
她谈起我小时候
学步像鸭子
写字像蝌蚪
谈起我上学走的羊肠小道上
常有七寸毒蛇出没
在母亲的眼睛里
我看见一株豆角发芽开花
伸蔓越架……
千丝万缕的触角
仿佛万古的母爱。

亮了一下

雪天黄昏
父亲捡拾柴火归来
停在院子中央。
一声咳嗽
震飞柴火上的积雪。
周围的夜色
倏忽亮了一下。
像一绺藏在木头里的火苗
找到了尘世的入口。

天堂没有邮差

阔别多年，父亲从未回过信
许是天堂没有邮差。
那只用废枕木加工的木头箱子
静静地卧在土炕的角落
暗红的漆如往事剥落。
那只装过手指饼干和连环画的
箱子，空空荡荡
没有内容
只有回音……

清明节，这陪伴父亲的柏树

春风柔软，柏树由苍绿变成鲜绿
这一天，悲伤与抚慰一同醒来
低处，羊噬食过的枝叶残缺
兔子或田鼠啃咬过的伤口已结疤
更低处，沉睡的未名草又开始发芽
四季轮回，新生即重生
感谢这柏树，感谢这路过的羊和风
感谢左邻右舍的野兔和田鼠
感谢远在天堂的雨水，还匆匆在路上
哦，这长情的柏树
霜雪中自我抵抗
雷电中自我疗伤
要说抚慰
便是那枝叶间传来的几声鸟鸣

沙尘暴

从天空到天空，从大地到大地
迷路的春天向我打探消息
偌大的群山、建筑物和树林
隐身在一粒粒尘土背后。一整天
我在昏天与暗地之间。
晚饭后到客厅，一回头
瞥见了父亲在朱红色的相框里
昏黄的灯光下，我的泪水
在安静的时辰流下来
窗外，那树枝上的嫩芽
也在奋力变老……

堆雪人

傍晚，雪越积越厚
约有五厘米深了
落叶隐姓埋名。我

堆一个雪人
模仿我的样子。雪地像镜子
让他的模样重现

我小心翼翼地
挪动过去，他就会消失……
像树的影子，突然被暮色收回。

躲

傍晚时分
群山躲进了暮色

月亮躲进了春风
芦苇躲进了河里

父亲躲进了山里
他的白发，和一支旧水笔

菜 窖

那一年，父亲挥动铁锹
向下挖掘
像一只鼹鼠。光，挤开黑暗

我以为忘掉的事
像沉睡的白菜
一次次在春天醒来

雁归来

暮春的北方，天空灰暗
归来的雁，像一队灰衣苦行僧
模糊的小黑点，像一组虚无的省略号……

领头的雁，一位智者
迎着风，如船头划开蔚蓝的海面
浪潮拍打着隐身的星辰

"人"字形的雁阵，像
绵延不绝的群山相互支撑
"一"字形的长蛇阵，像
黑色的闪电，划开高远的天穹

"伊啊，伊啊"
照应、召唤，停歇或起飞
鼓舞、赞美，是秩序，是律令

渴望的欣喜与寂静的悲伤之间
我想做一只大雁，从不独活
也从不滥竽充数

清明节，悲伤向一座山聚拢

放假三天，高速免费
我没有远行
坐在离世多年的父亲坟头
抓起一把新泥，潮湿、沉寂
想起他粗糙的双手，和他
紧攥的想法
有一次谈起我的婚事
谈起孙子的玩具和尿布
这已是后来的事了。他走了
在这变成现实之前
去年的残叶仍留在枝头
绿的嫩芽隐然而现。他能看见么
我呆呆坐着，山中一日
仿佛世上千年

没有一粒种子，替我开口说话

暮春，刚刚下过雨
我和父亲在地里种玉米
金色的种子穿过空气和阳光
落在土中

暮春，刚刚下过雨
七星瓢虫正在尝试起飞
一排大雁划过南山
山坡上的新草拱破土层

暮春，刚刚下过雨
大雁又归，一只却掉队了
春风有尽，尚有重逢

没有一粒种子
肯替我开口说话

涛声从鱼骨里呼啸而来

水产店，鲜活的鲤鱼
在池水中翻江倒海
店门口，杀鱼的师傅
剐蹭着点点鳞片
那些年，打渔的父亲
和河里的鱼
都有奔波之苦
在生活的洪水中随波逐流
当香气从铁锅溢出
餐桌便有福了
涛声从鱼骨呼啸而来
吐出了如鲠在喉的悲伤

祖　屋

像多年不见的祖母
低声喊我的小名
那不再转动的石头磨盘
那檐下空空的燕巢
那庭院石板夹缝的衰草……

我不忍心描述下去了——
依稀看见
祖母干瘪的嘴巴被炉火照亮
依稀听见
她哼唱着自己独创的谣曲

那残雪，多像遗落尘世的羔羊

残雪，像几只走失的羔羊
蜷卧在山坡低洼处

祖父穿着羊皮袄
像一只八十多岁的
领头羊
身后是一群白云，翻过山、越过岭

他牵挂羔羊的降生
他惋惜壮年羊被屠宰的命运

多少年了，祖父已不在
那残雪
多像遗落尘世的羔羊

繁花落尽，犹有雪花……

风吹动浮雪。
我在等捡拾柴火的人归来。
当外婆的咳嗽声，在院子响起
一片雪花才安然落地……
没有谁，能虚构一场雪
没有谁，会忘掉倚靠过的一株苹果树。
灶火升腾，照亮椽木
风卷起了雪，雪覆盖了坟堆。
那是冬天般的一个暮春
天地间
繁花落尽，犹有雪花……

白月亮

傍晚，外祖母坐在春天的门前
我紧靠着她。
苹果树在院子的中心，开出白色的花
我和她，看天上的白月亮。
十一岁的月亮是那么白，那么暖
那么芬芳
六十二岁的月亮是那么白，那么老
那么慈祥
月光啊，像蝴蝶的白羽毛
在尘世上慢慢飘浮
今夜，一轮白月亮
又缓缓升起。

夏日的悲伤

姑母家，又见祖父的遗像
他紧绷着脸，
没有一丝笑意。
我摸他花白的胡子，
像抚着田野里刚吐出的玉米须。
摸他的嘴巴，仍能听见那句反复的话语：
"给车轮找路，给车轮找路……"

那辆板车的木架，早已残破不全。
两个车轮，一轮像家族的太阳
挂在黄泥墙上；
一轮像古典的月亮，在屋顶上滚动
悲伤是一块透明的玻璃
压住那薄薄的光芒。

菩萨的心肠

大脚丫片子
属于田埂
汗珠属于四季
乳汁属于孩子
梦属于锄头
关节痛和菩萨的心肠
属于她，我的母亲

韭菜花

蜀葵花开了
一朵高过一朵
韭菜花的香气是人间的烟火
一把刀，失声痛哭

想到秋天的到来
还得一阵子
我干脆坐下来
细数母亲那割不尽的白发

盲 盒

在新北美商场
我花 59 元人民币
购得一个盲盒。
女儿小心翼翼撕扯箔纸
盲盒里，唐代高僧玄奘
金色的袈裟上
落满神秘祥和的光。
若干年后，有谁知晓
一个在生活中屡战屡败的男人
曾借助高僧的德行
祝福过涉世未深的女儿。

花朵与蜜蜂

你喜欢枕着我的右臂睡觉
每个夜晚，在我的右臂麻木之前
你恬然入睡。
偶尔会失眠，我们就聊天
聊起新婚夜的羞怯、唐突和甜蜜
新郎身上那件蓝色西服上衣
是借来的
新娘穿着红色夹袄，胸口绣了两只蝴蝶
也是三月，绿芽破土的春天，我们拜天地。
那天，为了摘一朵桃花给你
被树枝划破手臂
血色的桃花，像两朵红云
在你的脸颊腾飞
一路走来历经的风雨、霜雪
花朵和果实，雷电和彩虹
聊着聊着，你会扑上来咬我的嘴唇
仿佛花朵
叮了一口蜜蜂。

新年记

新年这一天，仿佛是
去年的馈赠
神秘、质朴、高贵
新年这一天，我
翻拣出去年的日子
剪辑成一小段
流水，佐以花朵、琴曲
新年这一天
去年登过的山峰
我又爬了一遍
脖颈上的红围巾
有火焰的气息
草木寂寂，小径幽冷
亮起灰翅的麻雀
是不是去年的那几只
无端的风
吹过永恒的山冈

新的一年是美好的

旧时光一再变旧
像天蓝色的布衫褪去了颜色
陈旧的历书散发出崭新的火焰
这一刻，我忘记了
旧仇和旧爱，忘记了
因果、恐惧和荣耀
星辰闪耀，去年的草种
已从暗黑的泥土醒来
寒冷的旅程，祝福的灯光
依然暖和。此刻
清风吹动树梢
尘土唱着悼词
巨大的钟声，托举起
瘦削的山岭
大地深处传来未知的声响

新的一年是美好的
在这浮世上……

与河水散步

和河水并肩走着
听它说起
它要去的地方
我只听不说

我折返回来
并非是与时间抗争
我改变的是对待死亡的态度
而不仅仅是方向

春山空

冰层下的水，聚集了流动的力量
土壤里蜷缩的树根舒着懒腰。
炊烟升起，天空接纳了它的赞美
众神醒来，南归燕找到了去年的屋梁。

祖父蹲在黄泥墙的角落
剔除犁片上的雪渍和铁锈。
远山上，桃花含苞
我在春天里，想他昔日的模样。

春天的女儿

迎春花是大女儿
鹅黄的梦栖落枝头
蜻蜓，这一架微型直升机
在叶坪上自如地起降

牵牛花是小女儿
扭着身姿，爬上窗沿
腰间挂几只鲜艳的喇叭
怯怯吹响明亮的小号

蜂儿搬运着针尖大小的蜜
蝴蝶摆弄她清新的衣裙
农人、耕牛和桃花
是久别重逢的亲人

春天的门缝

远处，春风
舞动透明的剪刀
咔嚓咔嚓，光线像羽毛
掉落草坪
我愉悦于绿色的自然
像一只蜜蜂感恩着花朵的馈赠

小草一寸一寸
挤开了春天的门缝

春日看流水

在流水旁，我们紧紧依偎着
生活的针一时插不进来
春风在水面上开出无数的花朵
我们嗅到了岁月的清香
愿青山依旧，宽恕流水无情
愿时间带来的，都能被我们一爱再爱

春日阳光

春天的迹象从万物的心开始
人们的热爱从阳光里提取。
触及亲爱的小树
花的种子已聚集内心。

我面向朝阳
干枯的野草将破茧新生。
我爱这初春的阳光
和它慰藉过的痛苦的灵魂。

颂　词

一株白杨，
像一个被罚站的小学生。
叶子仍没有长出来，
也不抱怨。
它的想法和我相同，
忍耐是美的。没有埋怨
我背靠着美的事物，
在春天面前，一句话也不说

馈　赠

春天的一只花蜂
误撞入书房
它毛茸茸的可爱状
让我心生欢喜
一想到它的毒刺
不免心生戒备
一想到它酿制的蜜浆
又将伤痛忘记
翻一页，春光哗啦啦
再翻一页，春山空荡荡

突然想起乡下的蔬菜们

卷心菜、西红柿、绿豆角
都有一张水灵灵的脸
我喜欢蔬菜身上的味道略小于
母亲的气息

那裸露的空地，多像
未卜的未来
只有乡下的蔬菜们
让我觉得，该有一些东西
在内心里生长

爬山记

沿着仅够容身的小径

爬山，如入梦境

一些枝条，伸出亲切的手臂

也有一些带着刺，阻拦我

多好的一座山啊

每一次登山，我都会费尽气力

去开辟新的途径

喜欢迷路的意外所见

喜欢蓝尾雀用隐士的偈语

擦亮最后的树叶

喜欢不多不少

刚好抵消昨日的困惑

春日，在山巅眺望

春日，在山巅眺望
白云奔涌
岩石如雕塑
风的源头是故乡

山坡上，绿色火焰
慌乱地燃烧
山脚下，炊烟蓬勃
温暖的源头是故乡

找不到了

到了深秋，叶落归根
会结果的花
找不到了
不会结果的花
也找不到了

花朵和落叶的空隙间
飘浮着数不清的微小尘粒
哦，那释然的光阴

落日，落日

给落日拍照的人
一定想挽留住什么。
不甘与不舍
是落日的想法
也是你和我重叠的心境。
按下快门的手
托不起红色的失意。
时间如刍狗。
光明犹有未尽时
黑暗从大地慢慢渗出。

辑四　在别处醒来

与应县木塔对话

塞北寒凉，你是永恒的春天
你的温暖来自内心
我们的生活也是
但我不能告诉你什么

风沙茫茫的边陲，红松木
借神的双手搭建千年的空灵
因为森林，你思想澄明
因为风雨，逝者如斯

恒岳如屏，气势恢宏
桑干似带，河流如风
释迦牟尼的佛光辉映辽代的金戈
普度现代的游人

应县木塔，繁简得当的结构
像我合情合理的骨头
那些木雕花鸟，口吐清风
那博大儒雅的佛，像空中白云

我自恃去过许多寺庙烧香拜佛
也曾登高险峰远眺江山如画

唯有这一次，天高野阔
葱翠山岭令人心旷神怡

我紧握住你沧桑的手
感受你血脉的潜流
我尽快腾出脚步，让更多的人
踏上木制的梯子，感受你的坚守

千年之恋，千年风华
麻燕旋飞，佛牙神圣
偎你怀中，卸下红尘里的木枷
回首时空，人生一瞬

你是善念的化身，是慈意的升腾
不带一支笔，不带一根火柴
你的禁忌是我们的敬畏
你的豁达是我们的追求

九百六十年后的瞻望，退一万步回归
和你对话，我找不到自己的嘴巴
我把惊讶藏进你的胸膛
闭上嘴，才不会亵渎你神圣的灵性

阳光与泥土交相辉映
应县木塔，这身外的福祉
你端坐大地
既不孤单，也不悲伤

辛丑年正月初一在故城

在路旁石头缝隙间，小草微有绿意
在春风悄然的召唤声中，舒展着它们的手臂
刚刚过去的冬天，仿佛虚弱的落叶……
这是在保德黄河岸边，一个叫故城的山冈上
远处的河水一次次不停歇地冲刷着河床
浪花在我们生活的罅隙间欢唱。
山坡上几棵活着的松树
又把根往贫瘠的深处探了探
几只蹲在灌木丛里的麻雀
在春风鼓舞下振翅飞起
假若我是那草、那河、那树或那鸟
该如何忘却土中的黑暗
该如何记住来自天空的光明
又该如何战胜心底的怯懦
如何挽留住这箭一般的光阴
想想和它们的联系与区别
任何我曾承受过的风暴、雷雨和冰雹的挫折
将会变成沾满荆棘的荣誉
一种波澜壮阔的美，在这一天
徐徐展开

驱车到故城关帝庙拜①关公

驱车到故城关帝庙拜关公

影壁上，浮雕着四个汉字：

"義、薄、雲、天"

行书，繁体，质朴，厚重

和它们合影，却不知

该站在谁的身边

每一个字的内涵与秉性

和它们背后的故事

都让我羞愧

手足无措的我，红着脸

像犯了错的一个苹果，在枝头晃动

"薄"字往左挪了挪

让我挤过去，和"義"靠近……

四个汉字，如四个肝胆相照的兄弟

四个汉字，不因岁和月的增多而减轻分量

假如你也来到这里

必定会被它们的光芒所引领，所穿透……

---

① 关帝庙，位于保德县城西南 10 公里处的故城村内，清代建筑，为祭祀关公的庙宇，庙坐北向南，庙门前新修影壁，浮雕"义薄云天"四字。

谒故城钓鱼台^①

石室空荡荡的
河面上空荡荡的
石壁上的远志
是远亲，也是近邻

隐居是一种态度。
五省兵马总督陈奇瑜^②
在悬崖上凿壁
偷生，偷光

河流也是道路。
一个走投无路的人
从高处俯瞰
大河的暗流与波涛

---

① 故城钓鱼台位于保德县城西南 10 公里处的故城村，是明末五省兵马总督陈奇瑜（保德州人）卸官归乡后，于清朝顺治二年（1645 年）所凿建。钓鱼台凿于悬崖峭壁，脚下是奔腾的黄河。有石门、石洞、石室若干，集奇、险、绝于一体。

② 陈奇瑜，山西保德州人，明崇祯七年（1634 年）初任河南、山西、陕西、四川、湖广五省总督。后因纵放义军被贬谪到老家保德。仕途失落的陈奇瑜，为政治避难在黄河岸边的山崖绝壁上，凿筑了石窟，取名叫"钓鱼台"。

浪花驮不起斜阳。
野鸽子把石窟当成剧场
咕噜咕噜的响声里
透出一丝丝不安

钓鱼台下，时光汹涌
运输光芒的木船，仍有遥遥里程

夜登魁星阁①

在故城，我像上京赶考的书生
登上魁星阁
我喜欢魁星阁这名字
喜欢它 17 级石阶的步步登高
喜欢它中空的虚怀若谷
喜欢它四面有窗
南窗来的风，北窗往的雨
东窗迎晨曦，西窗送薄暮
在故城，我喜欢
夜空里魁星②的闪耀
也喜欢白昼里群星的退隐

---

① 魁星阁位于保德县城西南 10 公里处的故城村内，为清代光绪九
年（1883 年）所建。魁星阁高约 10 米余，南侧墙有台阶 17 级，可登上
阁身。阁身为砖砌，中空，分上下两层，下层东西为阁门，南北辟有券顶
小窗，上层四面皆窗。现有的是光绪年间重建的。
② 魁星，是我国神话中所说的主宰文章兴衰的神。

走黄河

没有人清楚我的行踪
我不是风，是有血有肉的行者
走到哪，鸟鸣便退后到哪
这条河，自我降生前
已和大地混得很熟
很多村庄，走出我的视线
那里的人们勤劳或懒惰，我浑然不知

我的鞋已有破洞，头发也被风吹乱
但领子是洁净的
河有多长，路就有多长
我不断结识新的植物，又不断忘却
看到它们时，一些正在开放
另一些已凋衰

我蹲下身，用河水洗手
冲掉指甲里的泥垢，顺便也洗洗脚
不远处有人在看我，一只狗吐出舌头
天渐渐凉了，我仍在行走
胡子也有点长了

风缓慢地推着我，怕我思考
我赶紧在一棵柳树上刻一个记号
把刀丢进水中

我肯定是要到某个地方去
晚上我住哪不重要，梦中有我的亲人
他们知道我的名字，身高和胎记
月亮凝视着褐色的岩石、手杖、灌木
不久会隐进云层，我必须在黎明前
再次出发，把居所让给他们

草原的清晨

清晨如翡翠，青草
发出碧绿的光芒
在草原上
我听见了寂静的声音。
种子在成熟，溪水自由流淌
炊烟像一面旗帜。
此刻，适合极目远眺
荣耀和耻辱
像草叶随风晃动
当白云闪耀似雪峰，我
在巴音布鲁克草原
像一匹白马
鬃毛明亮，旁若无人

雪峰上的雪

旧雪在消逝，新雪在落下……
雪峰上的雪，时刻准备献身的雪
你看它们多么明亮
既不害怕，也不怨恨

生活也有活不下去的时候
也会有猝不及防的雪砸在身上
遥不可及的，终究会落下……
生活中的你我
也常常用雪堆成人的形状
喜欢把一地鸡毛填充成一件保暖服

旧雪在消逝，新雪在落下……
犹如时光
不可重提

在巴音布鲁克草原

青草如翡翠，发出碧绿的光芒
羊群像下凡串门的白云。
一座座雪峰似东归的英雄
一座座蒙古包似朵朵盛开的雪莲。

一匹匹白色的焉耆天山马
眼神清澈透亮，长长鬃毛拖在地上
九曲十八弯的通天河
静静流向远方，没有忧伤。

迷　途

仍在迷途。黄昏
蓝尾雀和野兔已回家
露珠在花瓣上假寐。
一队蚂蚁，身披夜行衣
搬运着虫子的尸体。

野草，从野草中辨别自己
大地举起葡萄园和星辰
我仍在迷途
这满是歧途的尘世啊
沮丧里深藏着沉默。

远　方

不知道，远方到底能给予我什么
在路上我已得到了别的东西……
除了寻找的，意外失去的
便是不会遗忘的。
我曾看见：
荒漠里风的远见、沙丘的忍耐
湖泊的明亮、沼泽的隐秘
那满山傲骨的森林、不顾声名的青草
那不抱怨衰草连天的牛羊
那不谴责彻骨寒冷的雪峰
无畏的露珠
不会撒谎的小溪……
在路上，我已得到了别的东西……
像流水执着地活在低处
那未卜的岸上
数不清的野花尽情绽放……

在峨眉山

在峨眉山，春天的树枝伸出手臂
拦着我，猴子们乘机围上来
盘问我：你从哪里来？又到哪里去？
它们不晓得，这也是我想知道的

在峨眉山，一只猴子满脸认真
在自己的腿上、胳肢窝、屁股部位翻找
我摸了摸自己的尾骨
为试图篡改家族史而感到羞愧

我爱这没有姓氏的猴子
每一只，像久别重逢的自己

塔里木河颂

在塔克拉玛干沙漠，你
像一匹无缰之马
犹如乐符离开了琴弦
哦塔里木河，你忠于内心
渴望蜕变成献身

在塔里木河边，我
把一缕阳光化成一道目光
把一个词打磨成一粒沙
你的眼里能容得下整片沙漠
而我的眼里容不下一粒沙

在塔克拉玛干沙漠，你
触手可及的声名
在消逝前被时间传颂

限速多好

G315 国道 1580 公里至 1642 公里
限速 60 千米/小时
区间里程 62 公里，限时 1 小时 2 分钟
我要向一段慢时光深表谢意

生活如高铁
子弹、超音速飞机、5G 网络……
我对一再加速的事物
表示厌倦

再大的速度
也不能把我带上精神的高地
来不及生，来不及活
在生死之间，有一台测速的仪器多好

剑门蜀道，灵魂徒步而过

时光穿越，何处可以安身
骑上陆游的瘦驴，飞云作伞，古柏遮阳
闯雄关，踏栈道，登古城
请五丁开山、过翠云廊、赏木棉花开……
与春风一起度剑门

徒步剑门蜀道
足印与魏国的铁马蹄印交叠
蜀旗在劲风里猎猎作响
历史的扉页，一人签名
万人阅读，一本线装古籍

天空，空而不空
盛得下星辰
盛得下潮起潮落
空山鸟鸣，衔来乡愁一缕
飞鸽传书，送去乡音一枚

古柏遮天蔽日
树冠与彩云握手
流水透亮，洗刷金戈血渍、草叶浮尘

阳光吹起新鲜的号角
秦时的明月打湿汉蝉的薄翼

嘉陵江水诉说千年的帆影
万仞峭壁刻下无字的诗篇
三国的秋风，吹过李白的酒壶
吹过长剑三尺
吹过无尽幻影

蜀道上，几只松鼠仍在观看张飞挑灯夜战
天昭山的僧人身披袈裟，诵经祈祷
祈福来世
群山、峡谷、青草和石头
用自然之躯阐释虚无……

蝴蝶，草原上美的信使

清晨，蝴蝶
在绿色火焰上舞蹈
这轻盈的、微小的信使
找寻着美的目的地。
此刻，它停留在我胸前
哦，这短暂的美
这轻轻的信赖

科尔沁草原

在草原，每一种草
都能咀嚼出辽阔
在草原，每一件乐器
都有一个有趣的灵魂

在草原，羊能听得懂
草的独白
牧羊人能听得懂
羊的诉求

在草原，雄鹰巡视着
毡房人家的安详
那一只野兔轻轻走动，生怕
踩痛那些月光

壶口瀑布

河水也有想不开的时候
不回头
像脉管里冲动的血液
面对它，我为自己的怯懦而愧疚
这永不退缩的时光，令人心生惶恐
离开它的瞬间
我的泪水跳下了悬崖

酿酒的人

酿酒的人，他们说起
糯红高粱、小麦，说起
公元 1573 年的龙泉井水和沱江水
如数家珍
酿酒的人，他们说起
制曲、酿造、蒸馏、勾兑……
不可思议
泥窖能酿出乡音
大曲能勾兑出涛声

在泸州，酿酒就是酿沱江
在泸州，饮酒就是饮长江

一滴酒，可滋养血脉
一杯酒，可浇灌山脉
一坛酒，江水般清澈
一瓮酒，江水般明亮

我在泸州住了几日，向酿酒的人讨教
生活的秘方

在杏花村，与春天饮酒

三月了，我在杏花村饮酒
酒香，溢满了杏花村的春天

这里的杏花，有自己的小悲欢
这里的汾酒，有河水般的乳名

一首古诗，动用了唐朝的春色
一坛窖藏，酝酿了不朽的七绝

用一枚杏仁的甘苦勾兑美好
用一滴汾酒的孤独点燃疼痛

樊川骑驴，向牧童打探春风的下落
牧童骑牛，遥指刚刚吐出的新绿

酒旗在春风里盛装登场
故乡在笛孔里深居简出

杏花村的酒

在杏花村，每一朵杏花都活成了自己
每一株高粱都不被世事困扰
在杏花村，体内的春天渐渐醒来
我不是杏花，也不是高粱
我是一首修行千年的古诗。
在杏花村，长成一株高粱是幸运的
历经磨难：粉碎、润糁、清蒸、冷散
发酵和蒸馏
终于活成了一杯美酒

在郎木寺镇避雨

闪电划开甘南和阿坝
雷声滚过白龙江
在郎木寺镇避雨的我
像避世诵经的僧人
倾心于古柏苍松、花海和佛法……
人的一生
空如雷声，快如闪电
短暂如水花浮现。
我知道，那个在暴风雨中
狼狈奔跑的人，才是我

冶力关的蝴蝶崖

一只蝴蝶，从庄周的梦中飞出
草木无为，也有自己的远方
两只蝴蝶，从梁祝的坟茔里飞出
传世的爱，越过陡峭的隘口

拉卜楞寺的雨

昨夜，雨下了多少
佛不知道

昨夜，花开了几朵
佛不知道

拉卜楞寺，除了佛
除了红衣僧人
我也是
一个不怕淋雨的人

山水课

打开车窗，邀请岷山的春风
鸟鸣、花香和溪流的琴声
到车厢做客

一只迷途的蝴蝶，误撞进来
落在暗黄座椅的靠背上
它柔弱的美，让我手足无措
不忍心惊扰，不忍心赶它下车

哦，这一辆银色伏特牌越野车
多像满载慈爱的一朵白云

秋风到甘南

草叶们
正在策划一场
金色的暴动。
大雁南归
我要到什么时候
才能和你重逢。
草原辽阔，我什么时候想起你
都会心生波澜

不远处的尕海湖边
一只白鹭
独影摇曳，秋风拉长了
它褐红色的细长腿。

夏河的浪花

水扑向石头
水开成了花朵。
像倍速快放的一段陈年旧事
来不及回味
像隐没在时间背后的悲喜
它们都有精致的光芒。
假如我是一朵浪花
也会像它们一样，一条河里生
一条河里死。
当我用两只手，掬起一捧
知天命的河水
掌心触摸到了一朵浪花的体温
在这花海的波澜里
一个人越懂得爱
越像溺水者……

桑科草原的鹰

在甘南，在桑科草原
地上的绿草、牦牛、黑头羊和土拨鼠
过着漫不经心的日子
天空里，除了抓不住的空气和阳光
还有喜欢自由的鹰
一条路，那么长
连接起地上的疼痛与
天上的孤独

纳摩峡谷

向峡谷的深处走去
山势变得陡峭。
光线越来越暗，看到的世界越来越小
溪水激荡，它的源头在哪里
有人捡起光滑的石子，扔进溪水
有人枯枝作杖，撑住趔趄的身子
我一直向前走着，一个岔路口
让我迷茫，我喊了一声
白桦树以问作答，余音不绝

芦芽山的小溪

在芦芽山，一条小溪
在谷底静静流淌。
它不因自己的小而畏缩，不因
山间的寒凉而叹息
它不为路途的艰险而迷茫，不为
归宿的未知而空忧

在芦芽山，一条小溪
漫过小草滩，越过青石子
跳下三寸高的石崖
唱着清亮亮的歌
一溜烟
不见了踪影

高地埌素描

初冬的阳光，用它画笔的空虚
涂抹着山冈、松林、灌木和岩石的宁静
远处的烽火台，似一尊无所求的佛
端坐在无牵无挂的山巅
废弃的金字铁塔，瘦弱、冰凉
充满几何的力量，如同我的志向
天上的云朵，像白色蜗牛
缓缓爬行在蓝色的纯棉布上
清风拂动山林的刘海
刹那间，我和你听到了
时光的回声

段家沟的果树花开了

春天没有预约，也不会迟来
一朵朵果花，一点点
映亮窑洞、沟梁和陌上
我和城里的广瑞在此相遇了
我俩为在别人的故乡遇见朋友傻笑

这里的梨花、桃花与槟果花
没有哪一朵为我盛开
而蝴蝶的真实，我就相信了
美没有缺席
一只花蜂，为它的祖先
误蜇过我的童年向我道歉

官局村的山楂红了

秋风漫过山梁，山楂果红了
宝石般的光芒藏进山里

在官局村，一位韩姓老人
和我打招呼，手指向刚铺了柏油的大道

谷子变黄，涂了一层薄薄白霜
一辆汽车比秋风更快

一串红色的糖葫芦
带着童年迎面而来

泸州饮酒记

今夜，不谈状元，不谈庵，不谈荔枝

这世俗之名、之事、之物

聊聊老酒，聊聊无悲无喜的江水吧

今夜，在某小镇酒馆

我起身让座：杨慎兄，请了、请了

你从滔滔江水里找到无相

扑灭了欲火

和你饮酒，我已置身于我之外了

如青山矗立在时间之外，夕阳归隐于笑谈之中

杨慎兄，我错过了你的少年、中年和晚年

错过了你的气节和胸怀

万物各有其所。我们只饮酒

一边欢笑一边哭泣

我们谈宽恕，谈遗忘，谈缘起性空

你比我年长四百多岁，四百年只是一瞬，今夜亦是

今夜，与尔同醉，没有迷途

四百年来，那美酒的光芒闪过天空

越过时空，率性而自由

唯有林芝的桃花知道人世间的秘密

三月，在林芝看桃花，树高花繁
万千朵桃花，在枝头窃语
语气有桃汁的甜蜜，高原红的醉意
万千朵桃花，都有微笑的技艺
用火焰照亮雪峰，赶走最后的寒冷

三月，在林芝看桃花，百鸟啼鸣
一朵朵桃花，在不同的春天
更新自己。微笑揉进伤口，幸福张开翅膀
绯红色的光洒满高原
羊群和牛群带着光环走动

三月，在林芝看桃花，高原失火
每一朵桃花，都有一个小小的愿望落地生根
遍地皆善意
林芝，如一朵硕大的桃花
于雪峰和冰川的掌声中，骄傲地微笑

在尼洋河，在波得藏布河，在曲宗藏布河两岸
万千桃花扎下心灵之根
无名的藏族姑娘犹如无名的桃花

没有什么比她的爱更值得描绘。生活本来一无所有
除了爱的慷慨和花瓣的豁达

在波密，在罗马村，在嘎拉村……
一朵朵桃花，野蛮得没有恐惧，没有忧伤
每一个人都有桃花的命运
却没有它盛开的自在
每一个人都有"桃花依旧笑春风"的怅惘
却没有春风十里的明净和浩荡

在普隆寺旁，桃花们并不迷失
一株坚毅忍耐的毛桃树伸出千年枝干
抵达心灵之外的目的地。桃花谢的时候
有的空自凋零，它的花就是它的果
有的涅槃重生，它的果就是它的花……

辑五

回声

春日，谒太史祠

春日的午后，阳光普照韩城
脚踏坑坑洼洼的条石，沿斜坡而上
左边是汤汤大河在舒缓诉说
右边是巍巍群山连绵起伏
眼前是石桥、芦苇、翠竹、怒放的杏花
远处是沉静的翠柏，肃穆而神圣

一座高挂"史笔昭世"的牌楼
沉静、高耸
在光的指引下，我仰高头颅
一座大丘的背景是片片白云和空阔的天空
四周寂静。我听得见一颗巨大的心脏
撞击大地的声音，这声音

在黑暗的胸腔里回荡。
人固有一死，不足百年
三千年的历史像一座熠熠生辉的星空
我懒得去理会那黑暗里的黑，麻木肉体的器官
有人从屈辱中扔掉了鸿毛
从石头里找寻到了泰山

绵山拜谒介子推墓

整座山就是先生的坟堆
苍翠的林木无非是一些草而已
那游人，是穿梭草丛的小蚁
载人的大巴，如一只只怀孕的虫子

我带了一根火柴
这曾经的罪魁祸首，绵山的克星
也是它一举成名的物证
想象那场大火
就是我放的。肃立山前
揣测你不能出山的真实原因
许是火势猛烈，你来不及从两千多年前脱身
许是老母亲的老胳膊老腿
拖住了你的孝心
许是重耳另有深意
再造一个重情重义的圣君

暮色封山前，我要为你
找到一条偏僻的后山小径
让你在火烧眉毛前，迅速逃离
让晋文公的谋算再一次落空

让他重回流亡的日子，让他
在一座江山与一块股肉间
低头悔过

歌者杜甫

歌者杜甫，一伸手触摸到了星辰
他拾粟充饥，草叶噙泪
他采草药治病，积雪更深
黄昏，战马的头颅低垂

纸上漂泊，纸破
纸碎了，纸上的字仍在
城不是一个人的城，国也不是一个人的国
鸟因为失去巢而悲鸣

秦川的云树，陇右的关山
落了一层又一层的雪
《兵车行》《前出塞》"群胡归来血洗箭"
旷野虚空，天地悲号

"东郊尚烽火，朝野色枯槁"
你用骨头作拐杖，热血熬草药
"何时倚虚幌，双照泪痕干"
你用白雪洗白发，泪水润泥土

在吴越、齐赵大地、白水、梓州

阆州、夔州和潭州
一匹马在嘶鸣，一只凤凰在涅槃
一只飞鹰在低旋

黄金的贵重比不上阳光
在逃难与求索的小径上
你一会儿飞翔，一会儿疾驰
你在烽火中重生

我是一千多年后的书生
我读：会当凌绝顶，弟子读：一览众山小
你端坐于泰山之顶
与寒松举杯，和岩石痛饮

"国破山河在，城春草木深"
大地千疮百孔
百姓像牲口一般卑贱
倔强地活着和死去

你是一只英勇的鹰
"何当击凡鸟，毛血洒平芜"
你是一名马背上的战士
"所向天空阔，真堪托死生"

你回到茅屋，听秋风破歌
听一株野草的哭泣

你给夔州的枣树施肥
你给邻里无食无儿的妇人一丝光明

秋是深秋。只要饿不死你
就饿不死拾穗的穷人
在你的田地里
永远有拣拾不尽的谷穗

一杯杯送别友人的烈酒
一首首风雨飘摇的诗
你用盐和诗清洗战争的伤口
你用笔尖刺杀一个王朝的灵魂

西口古渡

一

所有船，货物，流浪的男人
眼眶饱含无奈的鸟鸣，他们渴望
拼了满腔热血
找寻一句新生的台词

父母的目光
远涉险滩、荒原、大漠
新婚的妻子
望穿秋水，黄昏的飞雁
也有不能表达的凄苦

他们衣衫褴褛
却能裹住一颗滚烫的种子
岸边的柳条，像时光的鞭子
抽打着饥饿的生活

是男人，就得咬咬牙关
浊黄的河浪拍打木质的船舷

留守的二妹妹，紧紧地
搂着拴锚的巨石

二

你不是我的妹妹，你是我难舍的渡口
我不是你的哥哥，我是一条沧桑的河流
我是到口外掏甘草的哥
你是去塬峁挖苦菜的妹
梦里常回故乡，你小小的身影
留给黄昏的垴畔
渡口的你，山峁上的你
送我？
等我？

我本不是有志的男儿，却远行千里
你也不是红楼梦里的黛玉，却眉凝忧愁
渡口在，走口外的汉子走了
白云在，伤别离的妹子留下来
星星，是一滴滴涩泪
手帕，挥成了一抹抹霞光

三

木船已远，二人台《走西口》
是古渡口最后的陈述

一板一眼
就像一把开启旧时光的钥匙
打开辛酸的柜子
这天，我在它底层
翻出二姑舅捎来的书信
描述西口外好收成的句子
是一个勾魂的野鬼
是一份背井离乡的证词

一个渡口，一条木船
可以把远方比喻成活路
结伴走吧
瘦弱的炊烟
背影里的苦菜花，也好有个照应
新娘在故乡，甘草在内蒙古
你站在沙蒿梁上
面朝故乡
看见星空下的好梦

四

今日渡口，风不大
百年前的后生
你挣到回家的盘缠了么
老家的祠堂
你还识得么

漫山遍野的野菜野花

你还认得吗

河水起起伏伏，像一个人的胸脯

这时候，我如一块河石

目送流水登天

这时候，我没有悲伤

我把渡口二字看成了渡己

此岸，是我

彼岸，也是我

唯有浪花

像岁月的遗嘱

让我欲念却不识一字……

图书在版编目（CIP）数据

雨落黄河 / 河石著. -- 武汉 ：长江文艺出版社，
2023.6
ISBN 978-7-5702-3119-5

Ⅰ. ①雨… Ⅱ. ①河… Ⅲ. ①诗集－中国－当代
Ⅳ. ①I227

中国国家版本馆 CIP 数据核字（2023）第 070126 号

雨落黄河
YU LUO HUANGHE

责任编辑：胡　璇　　　　　　　　　责任校对：毛季慧
封面设计：源画设计　　　　　　　　责任印制：邱　莉　　王光兴

出版：　 长江出版传媒　　长江文艺出版社

地址：武汉市雄楚大街 268 号　　　　邮编：430070
发行：长江文艺出版社
http://www.cjlap.com
印刷：湖北新华印务有限公司

开本：880 毫米×1230 毫米　　　 1/32　　　印张：6.875　　插页：6 页
版次：2023 年 6 月第 1 版　　　　　 2023 年 6 月第 1 次印刷
行数：5101 行

定价：58.00 元